RAPPORT

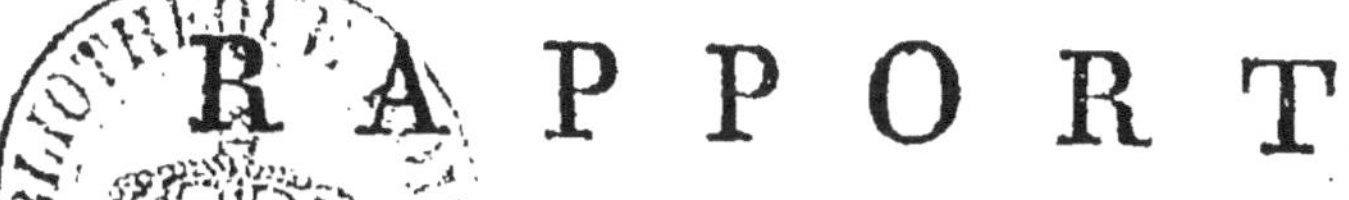

Des observations faites sur les travaux publics,

Par le citoyen DENTZEL,

REPRÉSENTANT DU PEUPLE,

Dans les cours de sa mission entre Moselle et Rhin,

Du 15 Thermidor, l'an III.

Imprimé par ordre de la Convention Nationale.

J'ai été chargé, par décret du 24 prairial dernier, de surveiller et d'activer les travaux publics de tous les genres, dans les pays situés entre la Moselle et le Rhin. Cette mission, qui devoit durer plusieurs mois, ayant été réduite à quelques journées, par le rappel des représentans du peuple pour concourir à l'achèvement de la constitution, je n'ai pu atteindre le but que

A

je m'étois proposé ; mais comme on ne peut rien examiner de ce qui tient à l'action du gouvernement, sans recueillir quelques observations utiles, je vais exposer celles qui se déduisent des faits dont j'ai eu connoissance.

Les considérations qui se rapportent à l'exécution des travaux publics, et sur-tout à leur administration, présentent une carrière vaste, encore neuve à bien des égards, plus difficile à parcourir qu'on ne le pense communément, et jusqu'à présent trop négligée ; car sur ce point l'on s'est presque toujours abusé par les formes sur les faits, et par les mots sur les choses.

Il suffit de jeter un regard sur l'état actuel des routes, sur les ouvrages d'art en construction, et sur les usines nationales, pour se convaincre que le service des travaux qui en dépendent, ne se fait qu'avec une extrême lenteur ; que, de tous côtés, les dégradations s'accroissent avec une effrayante rapidité, et que les secours que l'on prodigue pour les arrêter sont absorbés à pure perte. On y entrevoit à chaque pas le bien qu'il faudroit faire, et les moyens de l'obtenir ; mais ils sont détournés par de misérables difficultés, par de minutieuses considérations : on diroit qu'une routine aveugle et destructive s'est emparée du droit exclusif de diriger tout ce qui concerne les arts, et que dans la monotonie de sa marche inconsidérée, elle froisse impunément toutes les productions du génie et de l'industrie.

On peut sans doute objecter avec raison, que le défaut de bras, la difficulté des transports, la rareté des subsistances, et même le manque d'outils, ont dû porter atteinte à l'activité des travaux publics ; et il est encore vrai de dire que la désorganisation de ces travaux se lioit aux projets liberticides de nos ennemis, lorsqu'en sollicitant parmi nous la ruine des monumens existans, ils vouloient à-la-fois nous priver des fruits de la sagesse des générations passées, et nous déshonorer dans l'opinion des siècles à venir. Mais on s'est trop arrêté à ces suppositions générales, on en a trop exagéré les effets : il faut en déterminer l'influence et leur assigner les limites qui leur conviennent ; il faut enfin essayer de franchir le prestige qu'elles établissent, pour voir les choses de plus près, et le moment est venu de ne plus tant attribuer à la force des événemens ce qui n'est peut-être que le résultat de l'impéritie de quelques agens, auxquels ce prétexte indéterminé laisse une trop grande facilité de couvrir leurs fautes et de perpétuer leur ignorance dans la direction des affaires publiques.

Les désordres qui subsistent dans l'administration de ces travaux, dérivent de deux causes bien plus directes que celles qu'on leur assigne communément : la première consiste dans l'extravagante multiplicité et le mauvais choix des ouvrages proposés, discutés ou entrepris, et la seconde, dans le découragement qui règne parmi les ingénieurs de tous les grades et les artistes de tous les genres.

Si l'on considère, en effet, que la marche chancelante du gouvernement présente l'occasion la plus favorable à l'ignorance audacieuse, pour déprécier le vrai mérite, et aux intrigans de toute espèce la facilité de jeter dans l'arène une foule innombrable de projets fantastiques ou prématurés, on sera effrayé des dangers auxquels on s'est exposé en adoptant de trop vastes entreprises au milieu d'un tel conflit de propositions, et l'on ne s'étonnera plus de ce que le gouvernement s'est insensiblement laissé entraîner à contracter des engagemens au-dessus de ses forces, dans des circonstances difficiles, où l'on auroit dû s'occuper uniquement de la conservation des objets existans.

Les travaux publics, quels qu'ils soient, ont toujours en eux-mêmes un certain degré d'utilité qui leur appartient : c'est le propre de tout ce qui exerce ou consacre les effets de l'industrie ; mais le devoir de l'administration qui les régit, consiste principalement à discerner l'utilité relative des constructions à faire, à ne favoriser que celles qui concourent le plus efficacement à l'utilité générale, et bien souvent il n'y a que le temps et l'expérience qui puissent fixer le jugement que l'on doit porter, tant sur ce degré d'utilité, que sur la possibilité de l'exécution ; cependant on s'écarte chaque jour de ces principes. Avec quelle précipitation, par exemple, n'avoit-on pas décrété la construction du canal de Brulé, qui devoit dévorer plusieurs millions, pour abréger de quelques heures le trajet des bateaux qui remontent la Seine !..... Heureusement que l'opinion publique a déjà fait justice de ce projet et de quelques autres du même genre.

C'est ainsi que l'état est entraîné à faire des dépenses énormes pour exécuter des ouvrages indéfinis, qui n'ont d'autres motifs que de favoriser les intérêts de quelques particuliers, et dont l'utilité, tant exagérée dans les mémoires qui les sollicitent, n'existe pas même dans l'imagination des personnes qui en poursuivent l'exécution. Cependant ces sortes d'ouvrages sont les plus fortement recommandés. Chacun s'empresse de mettre à profit l'influence de ses amis, l'abus des circonstances et la frivolité des administrations. Les demandes les plus indiscrètes se succèdent sans interruption; elles sont toujours faites au nom du bien public; elles sont toujours présentées sous les dehors les plus séduisans, et l'on ne manque jamais de les entrelacer de suppositions perfides, dont la réfutation puisse au besoin exciter des jalousies, allumer les passions ou compromettre les opinions. Les discussions qui s'élèvent à leur égard consument tout le temps des agens de ce service, et portent le trouble dans l'expédition de toutes les affaires.... Et que résulte-t il de cette lutte où l'effronterie terrasse la vérité, où la mauvaise foi triomphe de la foiblesse du gouvernement, si ce n'est le sacrifice inconsidéré des efforts surnaturels d'un peuple généreux, le dépérissement des monumens dont l'utilité générale n'attache les spéculations d'aucun individu, et la dilapidation de la fortune publique?

S'il falloit citer des exemples à l'appui de cette observation, ce seroit ici le cas de rappeler que l'on a tout récemment agité la proposition de dépenser plusieurs millions pour combler une mare où séjournent les eaux de quelques buanderies du village de Neuilly, tandis que ces eaux pouvoient être convenablement détournées avec une dépense de 20 à 25,000 livres. Qu'on vous dise maintenant quelle opinion il est permis de concevoir de ceux qui favorisent de semblables propositions, qui les accréditent ou qui les discutent longtemps? et peut on ne voir là que les effets de leur impéritie, lorsque, dans le même temps, le délabrement de nos communications est extrême, et que les routes qui conduisent vers nos armées sont presque toutes impraticables?

Il avoit fallu quatre-vingts ans de travaux et d'industrie pour porter les communications de la République au point de perfection où elles étoient en 1790; il n'a fallu que quelques années d'abandon pour les réduire à l'état déplorable où elles sont. Il eût été bien facile de prévenir leur dépérissement, car leur conservation exigeoit plus de soins et de constance que d'efforts; mais il a été jusqu'à présent impossible d'éveiller la sollicitude du gouvernement sur cet objet important, et l'on a toujours négligé de s'en occuper.

Il est temps de s'éclairer par les funestes résultats d'une aussi douloureuse expérience; il est temps de donner à ce service toute l'importance qu'il mérite, toute l'attention qu'il réclame et toute l'activité qui lui convient; il faut enfin y appeler les lumières et les arts; mais, avant tout, il faut en détourner les sinistres influences qui dérivent de l'empirisme, de la vieille routine et du faux savoir.

Mais si tout ce qui concerne les arts dans le service des travaux publics et dans le mode actuellement adopté pour leur exécution, est si étrangement déchu de ce luxe de perfection que l'on donnoit aux moindres ouvrages à une époque même fort antérieure à la révolution, on ne peut s'empêcher de convenir que l'on y a toujours conservé l'exactitude la plus scrupuleuse dans les détails de la comptabilité. Ces détails ont un caractère de précision qui leur est propre, et que l'on ne retrouve dans aucune des autres branches de l'administration. On les étudie peu; mais ils mériteroient d'être plus généralement connus: leur publication seroit la meilleure réponse à faire à quelques détracteurs exagérés de ce service, qui, ne le connoissant point, ne cessent de déclamer les choses les plus extraordinaires, sans les appuyer d'aucune citation précise qui détermine la conviction.

A l'égard de la seconde cause à laquelle on doit attribuer la défection des travaux publics, si l'on consulte les discussions ou la correspondance de ceux qui gouvernent les ingénieurs, on y reconnoît bientôt que jusqu'à présent l'on s'est plus occupé de les dominer ou de les comprimer, que de les secourir et de les diriger; et que le système des administrations tend perpétuellement à substituer les ricochets insignifians des formes de bureau, et même le stupidisme des phrases ministérielles, à un régime plus doux, qui porteroit par-tout la lumière, la vérité, l'encouragement, et cette bienveillance que les artistes ont quelque droit d'attendre de ceux qui les emploient. On jugera bien mieux de l'importance de cette observation, si l'on considère que le silence et l'inaction sont les armes les plus fortes que les arts puissent employer contre toute espèce de tyrannie, et que les hommes instruits peuvent d'autant mieux braver les convulsions ou le délire de l'autorité, que cette autorité se déshonore et s'affoiblit elle-même par les atteintes qu'elle leur porte.

L'assemblée constituante avoit donné aux ingénieurs militaires que d'anciens services rendoient recommandables, ou dont il étoit à craindre que les vieux préjugés ne fussent contraires aux principes de la révolution, la faculté de se retirer, en conservant la majeure partie de leurs appointemens. Il est aisé de sentir la convenance et tous les avantages de cette mesure de précaution; mais on n'a rien fait de semblable en faveur de certains inspecteurs-généraux, ni de quelques ingénieurs en chef des ponts et chaussées; ensorte que tel d'entre eux qui jouissoit d'un traitement considérable, s'étoit vu réduit à continuer ses services pour de très-modiques appointemens. On peut bien croire à la patience, et même à la résignation de quelques-uns de ces agens; mais devoit-on leur ouvrir exclusivement tous les accès, et leur conserver toute leur antique influence dans la gestion des affaires? Devoit-on leur confier des fonctions d'autant plus délicates, que l'instruction publique n'est pas encore assez avancée pour y porter une sage critique ? Devoit-on enfin mettre les ingénieurs ordinaires à leur disposition, comme si l'on eût mis des oiseaux dans la main des enfans ? et ne devoit-on pas prévoir au contraire que leur dépit s'appesantiroit sur tous les détails de leurs services ? Aussi n'ont-ils pas manqué d'entraver la marche de tous les travaux ; et c'est sur-tout en ralentissant le zèle des ingénieurs, en comprimant leurs talens et leur émulation, qu'ils ont merveilleusement amené le désordre sur tous les ateliers : et que pouvoit-on attendre de plus de ces hommes dont la fortune diparoissoit avec les rois, si ce n'est qu'ils ne cesseroient d'appercevoir le retour de leur ancienne prospérité dans une prochaine subversion des conquêtes de la liberté, qu'ils ne continueroient les apparences de leur service que par l'appât de quelque peu d'argent, et que, dans tous les cas, ils ne se consoleroient de leur chute que par le plaisir de dessécher la main qui les avoit renversés ?

Ceux des ingénieurs ordinaires qui étoient les plus recommandables par l'étendue de leurs connoissances, s'étoient généralement prononcés en faveur de la révolution ; apparemment parce que le feu des arts et celui de la liberté ont une certaine analogie : mais ceux-là, et tous ceux qui, de bonne foi, portoient quelqu'activité dans les détails de leur service, ont successivement éprouvé tous les mauvais traitemens imaginables de la part de l'assemblée des ponts et chaussées, en laquelle réside essentiellement l'administration des travaux publics ; ils ont été dispersés, contrariés, déplacés, et privés de tout avancement légitime ; il en est péri de misère ;........ mais il est arrivé tout le contraire pour le petit nombre de ceux qui ont bien voulu comprendre qu'il étoit un certain moyen d'embrouiller les affaires, sans se le faire dire et sans se compromettre.

Cependant il faut reporter cette observation aux années 1790, 1791, 1792 et 1793. Ce n'est pas que la même influence ne se soit perpétuée et ne domine encore aujourd'hui; mais elle exerce moins de ravages, parce que la commission des travaux publics, qu'il ne faut pas confondre avec ce que nous appelons leur administration, s'est vigoureusement prononcée contre ces abus, et qu'elle s'est empressée de réprimer tous ceux qu'elle pouvoit atteindre.

C'est une chose digne de remarque que le travail des ingénieurs des ponts et chaussées est encore déterminé par un règlement publié par un ministre, au nom du roi, le 18 février 1791; que ce ministre étoit un des favoris de la reine, qui vouloit à toute force en faire un contrôleur-général des finances; et que ce règlement, d'ailleurs évidemment incompatible avec le gouvernement actuel, contient les moyens les plus artificieusement combinés de faire échouer toutes les opérations de cette administration.

C'est encore une chose digne de remarque qu'un très-grand nombre de manœuvres, dont les fonctions sédentaires se réduisoient à couper des fagots, répandre du sable ou lier des bottes de foin, jouissoient d'un traitement de quatre à cinq mille livres, tandis que les ingénieurs ordinaires, assujétis à faire de fréquens voyages, ne jouissoient encore, au mois de germinal dernier, que d'un traitement de deux mille quatre cents livres, tellement que ces ingénieurs étoient et sont encore réduits à parcourir les départemens à pied, faute de pouvoir entretenir un cheval. Les représentans du peuple en mission leur ont quelquefois donné les moyens d'exercer leurs fonctions, en leur accordant des vivres et des fourrages; mais, faute d'un règlement général et positif sur ce point, cette distribution éprouve de fréquentes interruptions, et le plus grand nombre d'entre eux en est encore privé, même dans le voisinage des armées. Cette contradiction entre l'activité nécessaire et l'impossibilité de l'exécution, entraîne à tant d'inconvéniens, qu'on ne peut concevoir comment l'administration des travaux publics a pu prendre assez peu de soin de vivifier les détails de ce service, pour ne s'être pas sérieusement occupés d'assurer ces secours indispensables à ces ingénieurs.

La direction des travaux de fortification, sans être à beaucoup près exempte des abus qui dérivent de la décadence des arts, s'est néanmoins exercée avec plus de justice, plus d'ordre et de précision. Le découragement qu'on y remarque en certaines circonstances, vient plutôt des contrariétés que le service éprouve en ses détails, ou de l'interminable série des formes à remplir, que d'aucun vice radical du système de cette institution. Le régime y est à peu près aussi doux qu'il peut l'être, et les égards réciproques que l'esprit militaire y entretient entre tous les grades, y maintiennent la bienveillance, et en bannissent toute contrainte.

On s'est beaucoup occupé des arts en France, et sur-tout en ces derniers temps; mais tout ce qu'on a voulu faire en leur faveur s'est évanoui en vaines déclamations; on a traité de l'instruction publique à peu près comme les comités révolutionnaires parloient de vertu et d'humanité, et jamais les arts ne furent ni moins accueillis, ni moins encouragés que dans l'instant où l'on exaltoit le plus leur utilité. Ceci démontre évidemment que les personnes sur lesquelles on s'est jusqu'à présent reposé du soin de les faire fleurir, n'avoient que le vain jargon de la science, sans en avoir ni l'amour, ni les forces, ni le sentiment. Cette funeste contradiction est une des plus opiniâtres; c'est une de celles qui désolent le plus la société; car c'est ainsi qu'on assassine les arts au nom des arts, et il y a effectivement là quelque chose d'analogue avec ce qui arrive lorsque les personnes qui parlent sans cesse de concorde et de sensibilité, sont en même temps celles qui sollicitent la haine et le carnage.

On a bien senti le besoin de ranimer les arts; mais, pour y parvenir, on a pris des mesures gigantesques, et l'on a dépassé le but que l'on vouloit atteindre. Il sembloit que l'on eût perdu de vue que les sciences n'ont de force que par leur naïveté, et peu s'en est fallu que la mode du savoir ne leur fît de plus profondes blessures que ne leur en eût fait le mépris de l'étude.

On a sur-tout fondé de grandes espérances sur l'école

centrale des travaux publics pour l'instruction des ingénieurs, et cet établissement utile prospérera sans doute; car tous ceux de ce genre ne peuvent avoir que des succès, lorsque l'on sait éviter qu'ils ne deviennent la proie d'une coterie dominatrice; lorsqu'on en éloigne les hommes étrangers à tout sentiment de perfection, qui ne mesurent les étincelles du génie qu'avec le flegme béant de la stupidité; lorsque la bienveillance des chefs appelle la confiance, et que leur franchise inspire la sécurité; lorsque le prétexte de police intérieure ne dégénère pas en moyens de persécution; lorsqu'enfin il y règne plus de force et de variété de talens que d'esprit de système, et qu'une certaine liberté d'opinion entretient l'émulation, sollicite les efforts et favorise le développement de toutes les facultés des professeurs et des élèves.

L'école du génie militaire, si subitement transférée de Mézières où elle florissoit, à Metz où elle languit, ne semble pas être encore revenue de l'étourdissement où l'a jetée ce changement aussi imprévu qu'il étoit impolitique dans les circonstances où il a été fait. Il en résulte que cette école n'a encore qu'une existence précaire, et il ne faut pas moins que le zèle infatigable et les talens distingués des officiers qui la dirigent, pour y entretenir l'instruction. Au reste, cet établissement est encore infiniment au-dessous de son objet, et en cela il participe à cette décadence générale que les arts et les sciences ont éprouvée depuis la révolution; décadence dont les inconvéniens s'accroissent, divergent dans tous les sens, et ne cesseront que lorsqu'on aura su en reconnoître les véritables causes, et s'occuper sérieusement d'en tarir la source.

Il n'est que trop vrai que les productions des arts, dans toute l'étendue de la République, sont fort au-dessous du niveau des connoissances modernes, et l'on n'a malheureusement que trop de preuves à fournir à l'appui de cette assertion. Les monumens passagers qui s'élèvent de nos jours, attestent de toutes parts cette triste vérité; et si l'on vient à l'examen des desseins et des projets de toute espèce qui sont en circulation pour le service des affaires publiques ; on n'y trouve que des configurations informes, exécutées sans art, sans délicatesse et sans goût. Ce n'est cependant pas, comme on voudroit le faire croire, que l'on manque de sujets, et que les sujets manquent de talens : c'est bien plutôt parce qu'on ne sait ni appeler ni encourager les hommes instruits, ni leur parler le langage qui leur convient. Ce n'est pas tout : on s'efforce de rejeter ces défauts d'exécution sur l'extrême précipitation que les circonstances commandent dans le cours des opérations ; mais c'est encore un abus de ces excuses bannales, qui ne sont pas suffisamment analysées........ Et d'ailleurs, qu'est-ce que le temps pour les productions du génie ? Ne sait-on pas qu'une idée lumineuse est bientôt exprimée ?.... C'est pour l'étude que le temps est nécessaire, et voilà pourquoi les favoris de l'intrigue et les hommes d'un jour ne font rien de bien.

On ne peut se dissimuler que si, d'une part, des discussions importantes et de savans écrits ont éclairé la morale publique et la théorie du gouvernement, il s'en faut de beaucoup que l'on ait encore effleuré la connoissance des moyens les plus propres à établir et continuer la meilleure action possible dans les arts et tout ce qui en dépend. Les procès-verbaux de l'assemblée nationale, les registres des comités et les magasins des commissions ne contiennent, sur ce point, que l'indication de quelques mesures incohérentes ou convulsives, et des ajournemens indéfinis. Il est résulté de cet abandon que cette partie, si intéressante par les avantages qui en résultent pour la société, ne recevant pas l'impulsion qui lui convenoit, a été exclusivement livrée au caprice et à l'impéritie de quelques individus que le hasard avoit placés, que l'intrigue avoit soutenus, mais sur lesquels n'en croupissoit pas moins une confiance héréditaire dans les comités comme dans les commissions ; et c'est ainsi que, plus d'une fois, des hommes ignorés au dehors, mais jouissant d'une énorme réputation dans les bureaux, ont plus effrontément propagé des erreurs et des crimes sous le régime naissant de la liberté, qu'ils n'eussent osé le faire sous le règne corrompu des rois.

C'est donc sur-tout dans les défauts inhérens à l'administration des travaux publics, et peut-être dans l'influence de quelques personnes qui circonscrivent trop habituellement les comités, qu'il faudroit chercher les motifs prédominans des désordres qui se perpétuent sur les ateliers de tous les genres ; et l'on ne doit pas perdre de vue que les effets de ces désordres sont d'autant plus désastreux, que de toutes les branches de l'administration publique, celle des arts étoit peut-être la seule qui fût tellement étrangère aux orages de la révolution, qu'il auroit suffi de quelques soins éclairés de la part du gouvernement, pour y maintenir l'émulation, et en obtenir d'heureux résultats.

Il s'en faut de beaucoup que ce rapport contienne tout ce qu'il est nécessaire de faire connoître sur les considérations qui en sont l'objet ; mais réuni à celui que j'ai fourni sur le même sujet, conjointement avec mon collègue Ferri, et aux observations de ceux de mes autres collègues qui m'ont précédé dans la même carrière, il en résultera un ensemble de faits qui s'éclaireront réciproquement, et le concours de quelques vérités utiles..... Puisse ce concours jeter quelques lumières sur le régime intérieur des travaux publics ! et puisse-t-on enfin reconnoître que, si les défauts de leur organisation peuvent considérablement accélérer la ruine de l'Etat le plus florissant, les succès d'une bonne administration de cette branche du gouvernement deviendroient bientôt une des causes les plus actives du bonheur des Français, et l'une des sources les plus fécondes de la richesse et de la prospérité de la République !

NOTICE

Des observations locales faites par le citoyen DENTZEL, *pendant le cours de sa mission entre la Moselle et le Rhin.*

J'AI exposé dans le rapport précédent diverses considérations générales sur le fait des travaux publics; j'y indique quelques causes peu communes de leur défection, et dont la découverte conduit à la détermination des moyens de ramener l'activité sur tous les ateliers.

Cette notice ne comprendra que les résultats des observations locales que j'ai faites dans le peu de pays que j'ai parcourus, et pendant le cours très-abrégé de la mission qui m'avoit été confiée.

Des routes.

Les travaux révolutionnaires ordonnés par la loi du 15 nivôse de l'année dernière, pour la prompte réparation des routes, n'ont eu d'autre effet que de consolider momentanément quelques mauvais pas, et l'on a éprouvé que ces opérations convulsives qui ont tant désolé les départemens, n'ont pas, à beaucoup près, produit une aussi grande masse d'ouvrage qu'on l'avoit d'abord pensé. En effet, les matériaux semés à la hâte çà et là sur les chaussées, n'ont pu les consolider d'une manière durable, parce qu'ils n'avoient été ni choisis, ni préparés, ni employés comme ils auroient dû l'être.

Les chaussées dépavées, et sur-tout les traverses des communes, sont dans l'état de délabrement le plus extrême; elles touchent à leur ruine.

On a trop négligé d'entretenir les fossés, talus et terrassemens des routes: les ravins qui se sont déterminés en ces parties, y exercent les plus grands ravages; en sorte que des éboulemens, qui dans le principe pouvoient être contenus à peu de frais, ne peuvent maintenant être réparés qu'avec de très-grands travaux.

Aucune administration n'ayant maintenu l'exécution des règlemens de la voierie, les propriétaires riverains se sont permis d'anticiper sur la voie publique, et l'on s'est comme empressé de mettre à profit le silence des lois, en élevant des constructions sur le sol même des routes, ce qui en interrompt et contrarie les directions. Ailleurs, le pied des talus de remblais a été sappé de telle sorte, que les levées s'écroulent. Enfin, les traverses des communes et des villages ne présentent plus que des cloaques infects ou impraticables, parce qu'on y amoncèle des terres, des fumiers ou des décombres, et qu'on les embarrasse impunément de matériaux de toute espèce.

J'aurois desiré fixer plus particulièrement l'attention sur tous ces points, par l'indication précise des faits qui viennent à l'appui de ces observations; mais les états de situation des ouvrages de tous les genres, et les devis qui en dépendent ayant été remis à mon collègue Periez, quelque temps avant mon arrivée, il m'a été impossible de m'en procurer de nouvelles expéditions : au reste, il seroit superflu de désigner des exemples particuliers de ces abus et de développer les inconvéniens qui en résultent; ils éclatent de tous côtés; le désordre est extrême; on ne peut parcourir le plus petit espace de route, sans y appercevoir la trace de quelqu'entreprise préjudiciable à leur service et à leur conservation.

Verdun.

Si l'on considère la situation de Verdun, l'étendue de ses fortifications, et l'état de dépérissement où elles se trouvent, on ne s'étonne plus de ce qu'elle n'a opposé qu'une foible résistance à l'ennemi; et c'est le cas de concevoir quelques regrets de ce que la France, si vantée pour la perfection qu'elle donne aux sciences, en ait si peu fait d'heureuses applications pour sa défense et pour son embellissement.

Je ne discuterai point l'influence que doit conserver la place de Verdun dans le système général de défense à établir vers cette partie de la République; mais il semble que, quand même cette place ne serviroit que d'entrepôt militaire en temps de paix, il n'en faudroit pas moins achever les ouvrages qui subsistent, les perfectionner et les entretenir.

On manque à Verdun, comme dans la plupart des autres places fortes, de magasins voûtés, à l'épreuve de la bombe; et le besoin s'en est d'autant mieux fait sentir pendant toute la guerre actuelle, que la rareté des bois a souvent mis dans l'impossibilité d'approvisionner à temps les blindages nécessaires pour y suppléer.

J'ai eu occasion de remarquer, en visitant les fortifications de Verdun, que la facilité que la loi donne aux habitans des places fortes, de parcourir les remparts pendant le jour, donne lieu à un grand nombre de dégradations, et que cette disposition étoit contraire à l'ordre qu'il convient de maintenir dans toute espèce de service militaire.

Metz.

Quelles que puisent être les limites de la République, il sera toujours intéressant pour sa sûreté, de perfectionner les fortifications de la ville de Metz : on y trouve la réunion de tous les établissemens militaires les plus importans; il s'en faut de beaucoup, à la vérité, qu'ils aient été portés au degré de splendeur dont ils sont susceptibles ; mais il conviendra de les y élever successivement.

On remarque parmi les ouvrages récemment exécutés pour assurer la défense de cette place, la lunette à feux de revers, dite de Montigny, et l'on ne peut refuser à cette pièce les éloges qu'elle mérite : elle est, à tous égards, savamment disposée et bien construite ; mais en même temps on regrette que l'on se soit si facilement écarté des projets que le célèbre Cormontagne avoit long temps médités pour la défense du même front : projets d'autant plus précieux, qu'ils s'accordoient et se lioient parfaitement avec les savantes dispositions du systême que cet ingénieur avoit développé au front de Belle-Croix, dont la composition, le défilement et l'exécution passent, à juste titre, pour autant de modèles achevés dans ce genre.

Les travaux de fortification étoient extraordinairement ralentis, par la difficulté d'exécuter les transports ; aucune des administrations ne pouvoit prendre sur elle de faire pourvoir à ce service, sans courir le danger de se compromettre : il a suffi de mettre à la disposition des ateliers quelques voitures du dépôt des charrois militaires, pour ramener l'activité dans les chantiers, et prévenir les inconvéniens qui seroient infailliblement résultés de l'interruption des ouvrages.

Il existe à Metz un grand nombre de bâtimens militaires, qui dépérissent généralement faute d'entretien ; les couvertures n'avoient pu être réparées depuis cinq ans, parce que l'on ne pouvoit se procurer une suffisante quantité d'ardoises : ces matériaux abondent au pays de Trèves, et viennent facilement à Metz, en remontant la Moselle ; mais on n'avoit encore pu en obtenir, faute du numéraire nécessaire pour en faire l'acquisition dans le pays conquis.... J'ai levé toutes les difficultés, et j'ai fait cesser les discussions qui s'élevoient à cet égard, en prescrivant au directeur des domaines nationaux, à Trèves, de faire délivrer, à la réquisition des ingénieurs, les ardoises d'approvisionnement dont quelques abbayes étoient abondamment pourvues, et celles que les ardoisiers étoient en usage de compter à l'électeur pour droit de carrière.

Ces détails démontrent l'influence que les circonstances les plus indifférentes en apparence apportent dans le régime des travaux publics, et que s'il suffit du plus léger obstacle pour en arrêter le cours, il suffit également de la plus légère impulsion pour les maintenir en action; et il n'est que trop vrai que si les mesures générales que l'on a prises à cet égard, n'ont presque jamais produit les effets que l'on s'en étoit promis, c'est qu'elles planoient en quelque sorte au-dessus des difficultés, et que ne pouvant les atteindre, il étoit dans l'ordre des choses qu'elles ne pussent les résoudre.

J'ai rencontré dans la direction de Metz un ancien architecte nommé Rutan, très-versé dans la connoissance des constructions et de tout ce qui est relatif à la théorie et à la comptabilité des travaux publics. Cet artiste, employé depuis long-temps avec succès en qualité d'adjoint du génie, a rendu les services les plus importans: le directeur des fortifications à Metz, et les directeurs de l'école, qui sont plus que personne à portée d'apprécier ses talens, ont sollicité qu'il fût enfin admis au nombre des capitaines de la troisième classe; mais ils n'ont pu encore l'obtenir. On ne peut s'empêcher de remarquer combien ce refus contraste avec les réclamations d'un genre tout opposé, qui s'élèvent plus communément, et où l'on se plaint à juste titre de ce qu'on a conféré des grades à de très-jeunes sujets, qui, n'ayant jamais rien étudié, rien vu ni rien fait, ni même servi pendant la guerre actuelle, sont hors d'état de rendre aucun service, mais encore peuvent compromettre la sûreté de l'armée, et induire à de fausses opérations.

L'on sollicite l'ouverture de divers canaux de navigation dans les départemens de la Moselle, de la Meurthe et du Bas-Rhin; et, parmi les propositions de ce genre, on doit distinguer celle de rendre la Sarre navigable, en remontant jusqu'à Sarrebourg, parce qu'il en résulteroit évidemment de grands avantages, soit pour faciliter les transports vers nos armées, en temps de guerre, soit pour les combinaisons générales et particulières du commerce, en temps de paix. Je sollicite, au nom du salut public, les comités de gouvernement de s'occuper incessamment de cet objet.

Dans les mouvemens effervescens qui s'étoient élevés en faveur de notre marine, et dans ces instans de prestige où l'on s'étoit imaginé que, se hâter d'abattre des arbres, c'étoit accélérer la construction de nos vaisseaux, on a révolutionnairement dévasté les forêts des départemens des Vosges, de la Meurthe et de la Moselle; les plus belles souches y ont été renversées, et elles pourrissent maintenant sur terre, parce qu'on n'avoit alors prévu ni les moyens de transport ni les mesures nécessaires pour assurer l'utilité de cette exploitation. Il n'est donc que trop vrai que les ravages de l'ignorance ne connoissent pas de bornes, puisque l'âpreté des lieux et le silence des forêts n'ont pu mettre à l'abri de la destruction ces arbres antiques, dont il eût été si nécessaire d'économiser l'emploi, et qui sembloient n'avoir bravé tant d'hivers que pour subvenir successivement à nos besoins.

Il est encore temps peut-être de s'occuper des moyens de recueillir ces bois et de les conserver : il ne faudroit pas achever par oubli le mal que l'on a commencé par imprudence; et si de long-temps ils ne peuvent être réunis dans nos chantiers de construction, il faudroit au moins désigner ceux que l'on doit spécialement destiner à cet usage, et mettre les autres à la disposition des officiers du génie, pour la construction des ponts et des autres ouvrages de charpenterie.

Landau.

La place de Landau ferme l'entrée du département du Bas-Rhin ; elle fournit, à la faveur de son canal, de ses inondations et des lignes de la Queich qui l'accompagnent, une position des plus avantageuses pour une armée défensive ; elle peut elle-même arrêter une armée formidable ; enfin elle assure la faculté de pénétrer en avant sur la rive gauche du Rhin, et de pourvoir prendre de revers les communications de l'ennemi, s'il tentoit d'entrer en France par la Sarre et le duché de Deux-Ponts.

Si, comme on doit le croire, les limites de la République s'étendent désormais le long du Rhin, la place de Landau n'en demeurera pas moins une de celles de première ligne, et un des boulevards les plus importans à conserver.

Autant les fortifications de cette place ont été construites avec soin, autant on a négligé d'élever à son intérieur les édifices nécessaires pour les établissemens militaires de tous les genres qu'elle doit contenir. On y trouve quelques casernes et un hôpital; mais on n'y a construit aucun magasin à l'épreuve de la bombe, et l'on en a bien senti le défaut pendant le dernier siège, puisque les frêles bâtimens où l'on avoit déposé les fourrages, ont bientôt été incendiés, que d'autres ont été détruits, et que l'on n'a pu conserver quelques approvisionnemens, qu'en les dispersant dans les maisons des particuliers.

L'accident arrivé à l'arsenal de Landau, a renversé de fond en comble tous les bâtimens destinés aux magasins et au service de l'artillerie. Cet établissement, si nécessaire vers cette partie de la frontière, a été provisoirement transféré dans la maison des ci-devant Augustins; mais ce dernier emplacement est trop resserré, et l'on ne peut se dispenser de rétablir cet arsenal plus convenablement.

L'enceinte de cette ville n'est pas fort étendue, relativement à sa population; il est difficile d'y répartir les emplacemens dont on peut disposer pour les édifices militaires, de manière à leur donner l'étendue qu'ils doivent avoir, et y entretenir en même temps les relations réciproques qui leur conviennent. Mais comme tout est à faire à l'égard de ces constructions, c'est à-la-fois le sujet et l'occasion de n'adopter qu'un projet d'un ensemble général bien conçu, et qui réunisse le plus grand nombre d'avantages.

En balançant ces divers intérêts, et après un mûr

examen de tous les projets qu'il est possible de former, on est conduit à s'arrêter aux dispositions suivantes :

1°. Il faudroit exécuter chaque année une portion de souterrain voûté, à l'épreuve de la bombe, sous le terre-plein des remparts, derrière les courtines comprises entre les tours bastionnées.

2°. Il convient de rétablir l'arsenal et ses principales dépendances sur le terrein où il étoit anciennement situé, en y ajoutant toutefois les emplacemens de trois îles de maisons qui aboutissent à la grande place d'armes; ce qui est d'autant plus facile, que ces maisons ayant été detruites par l'explosion de l'ancien arsenal, il suffira d'un supplément d'indemnité pour acquérir la propriété du terrein qu'elles occupent.

3°. Conserver les bâtimens et l'enceinte de l'ancien couvent des Augustins, pour y former le dépôt des grands approvisionnemens de bois, les ateliers de charronnage, et le placement de tout ce qui dépend des charrois.

4°. Abattre toutes les petites maisons et échopes qui sont adossées à l'extérieur du mur du jardin des ci-devant Augustins, et qui anticipent évidemment sur le sol d'une ancienne rue, et obtenir par ce moyen l'espace nécessaire pour établir entre cette rue et la courtine opposée les magasins de fourrages, ceux de l'habillement, la buanderie de l'hôpital et le dépôt des objets relatifs à la fortification.

5°. Faire l'acquisition de l'île de maisons et des jardins situés dans l'espace triangulaire, entre la rue et le terre-plein, vis-à-vis la tour Dix-huit, pour y construire un quartier de cavalerie : cette acquisition est encore facile à faire; et elle seroit d'autant moins dispendieuse dans le moment actuel, que la plupart de ces maisons ont été ruinées par le bombardement.

6°. Pour faciliter les acquisitions nécessaires, sans lesquelles on ne pourroit assigner aux établissemens projetés la situation respective qu'ils exigent, et pour donner en même temps aux propriétaires des maisons dont il faut achever la démolition, des emplacemens où ils puissent rebâtir leurs habitations, on pourroit diviser et répartir, à titre d'échange ou de complément d'indemnité, les terreins et les maisons éparses dans l'intérieur de la ville, qui sont d'anciennes propriétés nationales, et qui suppléent provisoirement aux édifices que l'on se propose d'élever. Tels sont, par exemple, les magasins actuels des habillemens et la buanderie vis-à-vis l'hôpital, le bâtiment adjacent à l'édifice coté 69, et le terrein situé derrière la grande église.

7°. Il est indispensable d'améliorer tous les ouvrages de fortification, de corriger les défauts de quelques pièces, de revêtir la plupart des contre-escarpes, et de construire au moins des demi-revêtemens en maçonnerie, au pourtour des demi-lunes, forins, réduits et bastions, dont la construction interrompue n'avoit jamais été continuée.

8°. Enfin il faut s'occuper d'augmenter le nombre des conduites d'eau qu'il est possible d'amener à Landau, les distribuer dans tous les quartiers, et se contenter d'établir une seule fontaine au pied du monument érigé sur la place en l'honneur de la liberté, au lieu des quatre fontaines que l'on avoit proposé d'élever aux quatre coins de cette place.

Ces dispositions concilient évidemment l'intérêt public, les circonstances locales, et les divers intérêts particuliers; il est inévitable de prendre une détermination fixe sur tous ces points; elles sont tellement réduites à leurs moindres termes, que toute modification ultérieure, par quelque considération que ce puisse être, porteroit la confusion dans tous les détails, et prépareroit des regrets sur les défauts de convenance ou d'ensemble dans les travaux que l'on auroit entrepris.

La rivière de la Queich, qui traverse Landau, et qui coule en avant des lignes, n'y arrive qu'après avoir parcouru des éboulemens sablonneux dans les gorges supérieures : elle charie en conséquence une grande quantité de graviers, qui encombrent son lit et tous les lieux où s'épanchent ses eaux. Ces dépôts lents, mais continuels, tendent à changer la surface des terreins adjacens, et à la longue ils encombreroient infailliblement les fossés, les flaques, et les inondations qui défendent les approches de Landau, si l'on ne s'empressoit d'en détourner ces funestes effets.

Autrefois les revers des côteaux qui bordent cette rivière étoient couverts de bois; les habitans du Palatinat les ont détruits, et maintenant ces pentes sont sillonnées de profonds ravins, dont la Queich reçoit et transporte tous les débris.

Il est possible de combattre les causes de ces ensablemens; il est possible d'arrêter les ravages qu'ils occasionnent; mais il auroit été bien plus facile de les prévenir: il étoit sans doute réservé au gouvernement actuel de réparer les maux sans nombre qui résultent de l'ignorance et de l'incurie de l'ancienne administration.

Il faudroit rétablir les plantations en certaines parties, soutenir les berges de la rivière en quelques autres, et quelquefois lui ouvrir un nouveau lit; peut-être même obtiendroit-on des succès décisifs, en interceptant les gorges d'Anweillers par des barrages alternatifs, qui réduiroient en lacs ou flaques mortes les lieux où l'extrême rapidité des courans exerce le plus d'action contre le pied des éboulemens des terreins les plus mobiles.

La plupart des ouvrages de préservation dont on vient de faire sentir la nécessité, devant être construits sur le territoire dépendant du ci-devant duché de Deux-Ponts, cette considération est une de celles qui font desirer que, de ce côté, les limites de la France soient désormais reculées jusqu'aux rives du Rhin.

Quel que soit le parti que l'on prenne relativement à ces travaux, on ne sauroit trop se hâter d'en étudier les projets, d'en prévoir et d'en ordonner l'exécution: il est d'ailleurs aisé de sentir que c'est sur-tout dans les occasions où l'art ne prête que de foibles secours pour ralentir la marche des grands effets de la nature, que l'on ne peut attendre des succès que de l'excellence du choix des moyens d'exécution.

Ce seroit ici l'occasion de dire quelque chose de l'état actuel des lignes de la Queich et de celles de Vissembourg et de la Matter; mais on sait généralement à quoi s'en tenir sur le degré d'utilité de ces moyens de défense, et combien l'on doit peu compter sur la résistance qu'elles opposent à l'ennemi. Cependant, comme ces lignes existent, et que cette existence peut influencer l'opinion publique, il convient de les maintenir en bon état. Il faudroit, en général, réparer les parties qui ont été détruites, et rétablir le jeu des eaux dans les fossés de celles de la Queich, qui, de tout temps, ont été disposées pour recevoir une dérivation de cette rivière; il faudroit encore s'assurer de la possibilité d'obtenir, à volonté, l'inondation qui doit suppléer à l'interruption de ces lignes sous le village d'Ossembach.

Le poste de Guermesheim est de quelqu'importance à conserver, pour appuyer la tête des lignes vers le Rhin; il ne faudroit cependant pas attribuer à cette place plus d'importance qu'elle n'en mérite, parce qu'elle peut être bombardée de l'autre rive du Rhin.

DECRET.

La Convention nationale décrète l'impression du présent rapport, et le renvoi aux comités de salut public et des travaux publics.

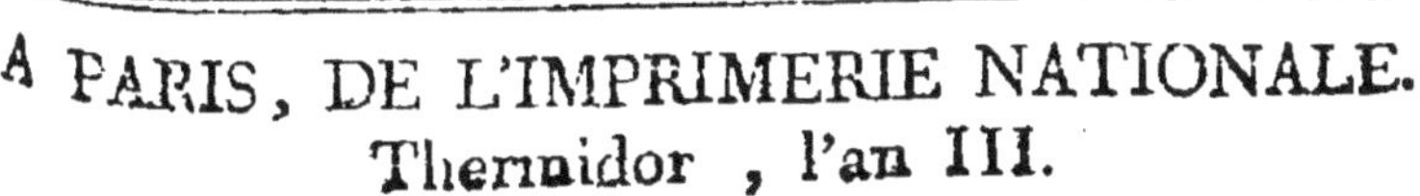

A PARIS, DE L'IMPRIMERIE NATIONALE.
Thermidor, l'an III.

www.ingramcontent.com/pod-product-compliance
Lightning Source LLC
LaVergne TN
LVHW020452230826
846091LV00008BA/3158

* 9 7 8 2 0 1 6 1 9 2 8 8 7 *